Christian Tanguy

ARMONI-TRAT
& BALA-TOMM

traduit du
banlécois septembrional
par l'auteur

collection « copinages »

© Lélian, 2017
ISBN : 978-2-917166-07-9

À ?

PRONONCIATION DU TEXTE ORIGINAL

Le banlécois septembrional se note dans une graphie phonétique très proche des conventions du français. Celui qui lit cette dernière langue n'aura donc guère de difficultés pour imaginer la sonorité du texte original de ce livre.

Quelques particularités tout de même :

- **g** : **gi** et **gé** sont prononcés comme « gui » et « gué »
- **s** : n'est jamais prononcé comme « z »
- **ćh** : assez proche du « ch » de l'allemand « bach », du « j » de l'espagnol « juan » etc.
- **rh** : proche du « r » du français moderne « reviens »
- **h** : comme le « h » de l'anglais « house »
- **u** : semi-voyelle, comme dans « pluie » (le **u** de **gui** est prononcé, comme dans « aiguille » et pas comme dans « guitare » ; idem pour celui de **gué**)
- **ü** : voyelle, comme le « u » français de « mur »
- **œ** : comme dans « œil » (jamais comme dans « œsophage »)
- **eu** : comme dans « deux » (jamais comme dans « peur »)
- **o** : toujours comme dans « côte » sauf s'il est suivi de plusieurs consonnes ou de « **ćh** » auquel cas il se prononce comme dans « cotte »
- **ò** : également comme le « o » français de « cotte »
- **~** note les voyelles nasales : **ã** (comme « an »), **ẽ** (comme « Ain »), **eũ** (comme « un »), **õ** (comme « on ») (n se prononce toujours, ainsi « **jan** » se prononce comme « Jeanne » et « **jãn** » comme dans le début de « j'en ai assez »)
- **e** : voyelle non-accentuée, quasi-muette
- une voyelle suivie de **e** est longue et ce **e** ne se prononce pas
- une voyelle avec un accent circonflexe (**â**, **ô**, **û**, **î**, **oû**, **eû**) est longue
- **&** note parfois la conjonction de coordination « et » et se prononce « a »
- les mots sont généralement accentués sur leur première syllabe

Train de nuit

*Magnifique
l'homme saoul
qui vous offre à boire...*

*Gwendal
donne son cours de breton
comme un chanteur de blues...*

*Son « dictionnaire »
est une autoroute
qui va de Paris à Gourin...*

*Il ne faut pas avoir peur
de la faire à pied,
comme un pélerinage...*

*

*N-ième poème breton
écrit en français...*

*N-ième poème français
évoquant cette musique
que l'auteur écoute sans doute
deux fois par an...*

*(Acheté 99 F à Champion,
Blues History :
« I asked for water
You gave me gasoline »...)*

*Et longue liste des mots bretons
passés au français :*

*Gazoal,
Raegra,
Armonitrat,
Frijidaer,
CMB,
C15...*

(Personne ne me comprend...)

*

*Peu importe :
vendredi soir,
9 heures,
Radio Pays,
93.10 Mhz sur Paris,
cassette.*

[kant] [ham chă]
seut-se [seurs]
idélas (ii) se tullse e rati
plakõr aàans õr

Ceux qui ont le raisonnement le plus fort et qui digèrent le mieux leurs pensées afin de les rendre claires et intelligibles peuvent toujours le mieux persuader ce qu'ils proposent encore qu'ils ne parlassent que bas-breton.
　　　　(Descartes : Discours...)

eupd
Ar re gand ar c'heñvañ rezonmant, ~~hag~~ a arre a zijer ar gwellañ o soñjoù da lakaat anezhi sklaer ha komprenabl, eupd Ar re-se vey ~~zo a-dal~~ ~~hañv~~ knñ aes da lakaad o ideoù da vut dege ~~meent~~ ~~aksepted~~, ha ~~ptoñs~~ sitoan me ne pregfent anezhi nut bremañ izel

```
Ndocter Esperanto
neuz gréd e ng « geriadur »
ui créder dinatür
ndocter Frankenstein.

& hui brèyzãtic
piw réyo doćh
e vwéez ui cãano
ba nèel zéćh ?
```

Le docteur Esperanto
compila t-un jériadure
pour l'innature créature
du docteur Frankenstein.

Mais toi braysantick
qui te redonnera
une voix pour chanter
dans l'air sec ?

```
clach wa chaç & kèed zo bé tüt,
lôt wa mâro & lôd-èl wa müt...
```

cherchant des chiens, trouvant des gens,
certains morts, certains autres muets...

Blich kyé doćh mi te « skouer » otro ?
Blich kyé doćh narvel peus bé ga-tõ ?
N é kyé brâz waćh ui te té-lé, ma-tros ?
N é kyé e nté-lé ?
E « skinwel » è !
Ba ya, goud warõ mat :
e magnéto-scopp zo ga bép pèyzen deh ćhornat.
Ui-dẽ, vin taw e ntãmic collet, meus òwn.

Èscûs rhoulõ ga-noćh, ẽe ?, otro,
ré béer wa me süt
& e ntãmic collet no heũn...

& neus :

brèzèlo braw vè guèlet, meus cléet,
chiw ndéy,
ba « ntübo cato-lic » ?

Alors tu l'aimes plus ton « skouer », patron ?
Il est pas bien le lit-clos que t'as eu avec ?
Pas assez grand pour ta télé sans doute...
Comment ça ? C'est pas une télé ?
Une « skinwel », ah oui !
Oh je sais bien, tout ça :
Il y a un magnétoscope dans toutes les fermes du coin
mais pour ma part, je suis un peu paumé, je crains...
Pardon, patron :
mes gens étaient trop courts
et paumés déjà eux-mêmes...

Mis à part ça
et par les temps qui courent :
on voit de belles guerres, à ce que j'entends,
dans les « tubes catholiques » ?

Guéch-èl wa e nãmzer fal
mé chiw ndéy, kẽn braw vé !

Chiw ndéy
né ndüt
deh tout !

Touristo leũn nhõ
& pâd nõm naw mis gwõ
tractœryo rü (po-pòwr !)
ui nõm labouréryen-douœr
âred no farco hîr,
hîr,
hîrhaćh pép pla,
& no heũn ćhwas !

& hãnõyo çèlt
(nõ-deu-gyeu !)
(hãnõyo kẽn braw...)
ui nép hibil zo
tro e sãtral nücléèer.

*L'ancien temps était un sale temps
mais aujourd'hui belle est la vie !*

*Aujourd'hui
les gens ont tout ce qu'il leur faut !*

*Le plein de touristes l'été
et pour nos neuf mois d'hiver
des tracteurs rouges
afin que puissent
nos cultivateurs
retourner leurs interminables champs
(champs chaque année plus interminables)
et seuls !*

*Et un nom celte,
gast !,
pour la plus minuscule pièce détachée
de centrale nucléaire.*

Pariz le 16-8-2003

Sieur

civils - civilisés
civilisation Bretonne
et Française
Le tri du matériel
Le tri des Aliments
Le tri des Habitants

géométry — Adolphe
~~triage~~ — Hitler 1939
~~Y~~ Yves (Raisonable) 1945
~~paix~~ Bretagne — Jules César
  -22- 2000 ans
  /3\   ça suffit
Vercingétorix (changer)

Dernier poème en français

J'ai toujours obéi à deux principes
dans la vie

Faire tout ce que l'on me demande
jusqu'à une certaine limite
    qui s'impose au bout d'un moment
tout lâcher au-delà

Ne jamais comprendre les insinuations
toujours agir contre ce qu'ils attendent
j'ai toujours tenu bon

Cela m'aura évité de rester
    longtemps puceau
d'avoir été plusieurs fois cuité
régulièrement soulé
sans cesse moqué
méprisé
incompris

Mais cela m'aura donné l'occasion
de cracher
à la gueule de plusieurs
directeurs
voire d'un conseiller de ministre
à la gueule de mes sœurs
et de quelques mendiants
dans le métro

Je vous emmerde

Paris 19 juillet 1999

Ndẽen scuîs & ćhâs trœt

&, bas fin, wa-i ué cuit. Cuit n
i-heũn. Meus cheu casse ney méz, ou
nãn ! : gotéed nèy de võn, ni-tra èl.
« Hui gavo nãn-èl founes waćh de
rã-plaç hãnẽ... » Gréden kyét... mwa
kyé dèred deh hẽy-bét...
Wãm sãmes de-zi-bwà tri bla, tri bla
hãter, & di-gwé wa mar, deh mpés meus
lèned ãm & as, de nggarãté de võn
scuîs, & de vüic trãkil de gémer i
flaç, ptrãm de ndòw zẽen zôt de nim
zispartiœl ui mõn pél-haćh de glach
nAvãtür mar ma ndross nhẽy fotè dè.

L'homme las et le chat maigre

*Et finalement elle est partie. Partie d'elle-même. Je
ne l'ai pas chassée : attendu juste qu'elle s'en aille.
« Tu vas en trouver une autre pour me remplacer. »
Je ne crois pas. Je n'en ai pas besoin.
On était ensemble depuis trois ans, trois ans et demi,
période normale, dit-on, au bout de laquelle l'amour
s'en va, laissant place à la vie tranquille, au mieux.
Ou à la rupture.*

Nẽ wa sãmes de nim vrézèli, hèrvez me hẽy douss ; hèrvez me hẽy douss, taw ma ndüt sãmes de nim vrézèli ; moss véfe, carãte tré pod & plaćh. Meus cheu guèle jãmes me sâd & me hmãm fõn mos, cous-cout...
Mât... Mõn kyé fõn de labouret nõm fèno ui tén e viryõen né diar-bèn bü mâb-dẽen ar i vãm-douœr.
Cuid wa i, & sèt-ü mẽ chomme me heũn, & ni-tra müećh.
Badadòwed e ntãmic, trist ba me ćhorf, goulãnder ba me spéred. Goulãndéret.
Échüed mbrèzel. Distrüjed bocha tròw ga-tõ, mé échüed mat. Lib wãn.
Hép ćhwãn de rhobb ni-tra bét, mé coûz wãn, ga dizéspérig douç e ndẽen scuîs... dizéspérig douss e ndẽen scuîs bèn neus kèed yõ i gader.

On était ensemble pour se faire la guerre, selon cette douce. Selon elle les accouplés sont toujours ensemble pour se quereller, c'est une loi de la nature de l'amour. Je n'ai jamais vu mon père et ma mère se disputer mais bon... Et puis peu importe : la voilà partie.
Un peu sonné je suis, triste dans mon corps, vide dans la tête. Vidé. Finie la guerre. Elle a fait beaucoup de dégâts mais elle est finie. Je suis libre. Sans envie de rien faire. Mais vieux, et avec le petit désespoir de l'homme las qui vient de se trouver une chaise.

Bèn mwa kèet ćhâzig bien-sen dirèc me sou-nôr, düs-tü wa deu jõj dẽ, la wa i n-hẽy na digasse nõ as, ui-dẽ pass chomm me heũn... Ma-tross... e chi néfè plijet dẽ müećh, marsen na kyé kèe nèy hẽy. Mé na kèed ćhâs-sen ba nSPA & digasse nõ ãm de rã-plaç nèy... Moss wa bé me jõch kyẽtõ. E jõjic. Gréden kyé mẽ cals lar wa kẽn guîr, mé ui ćhwarzin, nim gõten nistwâr-sen...

Fyawel wa. Trœt wa. Düs-tü ma bé mẽ digorred nôr, yõ na lãmed ba napartmãn, chéjes ! & comãçed de fürchel ba péb corn & discorn. Ui clach ptra, uiõ kyét. C'hwari wa yõ müećh ui ni-tra èl. Hlãm de glach tap nép corden wa strip.

Quand j'eus trouvé ce petit chat devant ma porte ma première idée fut qu'elle-même me l'envoyait, pour que je ne sois pas seul. J'aurais mieux aimé un chien. Elle le savait bien. Elle n'en aurait pas trouvé ? Il n'y aurait plus eu que ce chat à la SPA ? Ma première idée... Mais non, je n'y croyais pas : je jouais à y croire...

Il miaulait. Il était maigre. Dès que j'eus ouvert la porte il a sauté dans l'appartement, mon dieu !, et s'est mis à fouiller dans tous les recoins. Qu'y pouvait-il chercher ? Il semblait plutôt jouer, en fait. Sautant à chaque corde qui pendait.

Trœt wa yõ, mé nõen na kyét. Mât, bichic pòwr, trœt moćh cous-cout. E litra léez zo ba me frigo. Ui cõfessa doćh, me lèner kèer, n õn kyé e ndẽen de bropoz e ntassa guin de nãen deud ui e laber-mnèg de me si, péed-waćh vẽn, & sur-tout... vè kyé guin ga-nim na ni-tra èl... mé e ntassa lées d e ćhâs trœt, yòw me-chãs !
Lipe na... e mbãnic. & de ćhwari ndro ...
Zèred ma nôr ćhãm. Clõ vẽn ga n « acariens », & blèw-câs, sãset, zo fal ui ndross. Mé drwèt na yõ de rhaloupe ba pép-lećh èl ba nti. & drwèd è de võn cuit dré nôr trãm dré mpènes. Digorred ma nè frãc-waćh. Mé ćhazig nim blijè ga-nẽ, réd è lâr.

*Il était maigre mais ne semblait pas avoir faim.
J'avais un litre de lait au frigo. Je vous confesserai, cher lecteur, que je ne suis pas du genre à proposer un verre de rouge à un ouvrier venu faire quelque réparation. Je pense les payer assez et puis n'ai jamais de vin ni d'autre boisson alcoolisée... Une tasse de lait quand même, au visiteur félin.
Il en a bu... un doigt. Puis s'est remis à jouer...
J'avais fermé la porte de la chambre. Je suis allergique aux acariens, et les poils de chats les favoriseraient. Pour le reste il pouvait aller où il voulait. Ou s'en aller par la porte ou une fenêtre : je les avais toutes largement ouvertes. Mais ce chat se plaisait avec moi, semblait-il.*

Mât. C'hwaried ma ga-tõ e ntãmic. Lèsse nõ de rõronnel ar me fèn-dòwyen. Kinied dõ e ntãmig deh pép-tra ćhwas wa ba me frigo. (Mé ni-tra blijè dõ.) Chommed de zèl nõ hlãme... & sèt-ü wãn di-gwé scuis ga lõn-sen.
Ptra fottè dõ ? & de gẽtõ : ptra wa hyõ ? & ptra (trãm piw ?) wãn-mẽ ? Ptra wãm-nẽ ćhobb, nõm dòw ba e nti kẽn bien ? E ndẽen scuîs & e ćhâs trœt. Zèred meus nôr ćham, & de nim lac n-dro de stüdiel e ntãmig müećh... Parlãcho hõn de vèrvel, & tròw-èl sors, réd é pasiœl nãmzer. Trãm lèn tãmo tròw chommed ar-lèćh tüd maro brõm, & wa scrivãgnéryen maliged bẽn wãn béw, & vè kèed brõm « en livre de poche ».

Bien. J'ai joué un peu avec lui. Je l'ai laissé ronronner un peu sur mes genoux. Je lui ai proposé d'un peu tout ce que j'avais au frigo. (Mais rien ne lui convenait.) Je l'ai regardé jouer. Puis m'en suis fatigué.
Que voulait-il ? Et d'abord qui était-il ? Et qui ou quoi étais-je, moi, et que faisions-nous tous deux dans ce petit appartement ? Un homme las et un chat maigre.
Je me suis enfermé dans ma chambre et me suis remis à mes études. Langues mourantes et autres : il faut passer le temps. Ce qu'il reste de ces poètes maudits, maudits par leur époque et livredepochés depuis.

Mé tou-chãn wa cléed mbichig-bien n-dro
(hãno-èl ma kyé kèed dõ ćhwas...)
mbichig-bien fyawel & mēmes ćhrabisel
ar nôr. Mât mât mât mât mât. Ptra mõn h
õn de rhobb ga-noćh, podic-câs... Nẽ zo
nõm-dòw sãmes brõm, parésse. & ya. Mât,
ui-dok, peus cheu leh-èl bé de võn de
grabissel magéryo na de goll te plèw...
Pégẽn trist e vü sors. Ui-din...
goulãnder õn... goulãndérèet... Chomm
kyé bèrn bü mi ba me ćhorf... e
ntãmic... Mõn kyé scuîz ga-noćh,
bichic, mé... ma-tros vèćh guél-haćh ga
nã-mnèg èl.

Mais voilà que j'entendais Bichig-Bihan de nouveau. (Je n'avais pas trouvé de nom plus original.) En train de miauler et semblait-il de se faire les ongles sur mes murs. Bien bien bien bien : que vais-je faire de toi, chat ? Nous sommes en ménage, c'est parfait. Puisque tu n'as nulle autre part où aller griffer les murs et perdre des poils. Quelle poisse. Mais moi : je suis vidé. Le corps assez vidé de vie. Ce n'est pas que tu me fatigues, pas exactement, mais ne serais-tu pas mieux avec quelqu'un d'autre ?

E vòws coûs i heũn, marsen, bé zo diw be déer hã-nè ba nimœep-men... ma nôs tõn, kèrz de rhobb e ndro mar peus ćhwăn, alé... mêmes mar peus cheu ćhwăn... & hui zistrèyo bẽn-ćhwas vitin, ma po kyé kèet te ponœer ćhwas.

N eus cheu distroed nõ jãmes. Na me hẽy douss tãm müećh.

Par exemple avec une vieille dame seule (il en est deux ou trois dans l'immeuble). Allez : va faire un tour si t'en as envie. Et même si t'en as pas envie, en fait. Tu reviendras, allez : demain matin, si tu n'as pas trouvé ton bonheur ailleurs.

Il n'est jamais revenu. Ma « douce » non plus. Bien sûr.

Peus cheu calz-dra ar te corf
&, zûr, chiw neus cheu dèred, nãn,
& hui wâr mât-tré moćh nhẽy vè
zèled müyõ ba rü-men.

C'hobb gis ne véfè kyé ni-tra mé
e nhèwl ré vraw...

Ar te pizaj bocha fouge mẽmes-tra,
ba te tòwlaged e ntãmig
òwn ma-tross (& ne uifèćh kyé òwn deh ptra)
trãm e vézic...

Kẽn nwâs...

Mèćh yõec, hui zo e mblüjader
ui chi fale i bo coûs...
Syẽn, mẽ gréd e ndra èl :

Vèćh kyé œurüs taw
ga hés,
na taw ga-tõ.

*Tu n'as pas grand-chose sur le corps
et bien sûr nul besoin
et tu sens que tu es
la plus zyeutée de la rue.*

*Faisant l'air de rien
ou l'air seulement
d'un soleil trop ardent...*

*Sur ton visage une fierté,
dans tes yeux un reste de peur cependant (de quoi ?)
ou de honte...*

Tu es si nue...

*Belle fille, tu es plaisir
pour le chien promenant son vieux garçon,
mais une remarque supplémentaire :*

*Tu ne seras pas toujours heureuse avec celui-là
ni toujours avec.*

Free transportation

Mẽ yèyo de New York ndro.
Vin kyé pél dré-ăm mi, mẽ lar doćh.
De-zi-bwa mõn deu ndro
meus cheu mé zõch-sen de võn cuit...

Mẽ yèyo de New York ndro.
Digwèd õn scuîs
ga houmen Bro-Tăgn & i spéred kẽn strîs...

Mẽ yèyo ndro düss
& chommo de zèl
pâ ndéy tout
ndüt patinad ar Washington Square...
Ya, de zèl nè,
ndü yõec, ré goûz è,
fõn n e rõn héb ni-tra de hèrz nè...
Mẽ chommo de zèl nè
kẽn vo deu nôs
& neus tap métrô & mõn de gousked de véret
(mẽ zo e văpîr-déy, hui wâr ndross ?)

Mẽ yéyo de New York ndro
lèćh (vè laret) ndüd zo di-gwé zôt
tout
mé
chaç zo chomme für.

Je vais retourner à New York.
Je ne ferai pas long feu ici je vous dis.
Depuis mon retour
je n'ai que ce projet :
retourner à New York...
Trop suis fatigué
de cette Bro-teigne et de son esprit so streeth...

Je vais retourner là-bas
glander à y rester regarder
à longueur de journées
les patineurs de Washington Square...
Oui, rien que ça, rien qu'eux, les regarder,
les jeunes, les vieux,
tournant dans un perpétuel tournement,
les regarder jusqu'à nuit tombée.
Et nuit tombée alors reprendre le métro pour retourner
dormir au cimetière
(je suis vampire diurne)...

Je vais retourner à New York
où (je rêve) les gens sont tous devenus fous
et les chiens restés chiens...

```
Pép tra zo ué bien,
me süt - zo ué bien,
me lõchig-bügel zo ué bien.
Neus cheu mé mparc ba-di-règ nti :
Héss neus brasséet, brasséet, brasséet
kẽn ne wèler kyé cleũ bé
dõ mi.
```

Tout a rapetissé,
mes gens z-ont rapetissés,
ma cabane d'enfant rapetissée.
Il n'y a que le champ devant notre maison :
Celui-là a grandi, grandi, grandi
tellement qu'on n'en perçoit plus
un seul talus.

OUI !

« *Désolé mais ce que vous appelez "breton" n'est pas du breton mais du néo-breton. Une langue qui n'a pas du tout le même esprit, hélas. Une langue qui m'insupporte. Ayez au moins l'obligeance, par respect pour les générations de bretonnants qui ont refusé vos mots chimiques, d'appeler un chat un chat, et un néo-chat un néo-chat. Merci.* »

Oui à l'indépendance de la Basse-Bretagne !

Et les pseudo-bretonnants
avec leurs mots allemands et leur accent français
auront le droit de visiter...

Si ça les intéresse encore...

E ndéws deh me ãmzer-bügel

Mõ kyé ui lar mi
ba-plèh wa :
ma-tross ba-tal Fawet...
trãm kichen Lãn-Ijen...
deh ntü-sen taw...
e mplas ar mées...
e zül.

Uiõ kyé mi
ga piw wãn deut bétég ass,
na ma wa ga me sât & me hmãm,
trãm ga me yõnt & me hmwérp...

Büguâl èl wa.

E mplah vien ba no sous,
mwa kyé bé guèle rocc,
meus cheu guèle de-zi-bwa.

Une journée en enfance

*Je ne pourrais plus dire
où c'était :
quelque part près du Faouët...
ou de Lanvénégen...
de ce côté-là...
un endroit à la campagne...
un dimanche.*

*Et je ne sais plus non plus
avec qui j'étais venu jusque là...
avec mon père et ma mère peut-être...
ou tels oncle et tante...*

Il y avait d'autres enfants.

*Une petite fille parmi eux
que je n'avais jamais vue avant,
que je n'ai pas revue depuis...*

& meus cheu dahe jõch
deh ptra wãn rocc,
na deh plèh wãn bét
ndéy ar-lèćh,
na ndéy ar-lèćh ćhwas,
na zûn,
na pé-gẽn blèyo zo bé di-bwa...

Giz e vatimãn
ba-crèys môr
charial nhèwl :

dẽen bé wâr
ui plèćh.

*Et je n'ai gardé aucun souvenir
de ce que j'étais avant,
ni d'où j'ai été le jour d'après,
ni le jour d'après encor,
ni la semaine,
ni combien d'années depuis se sont écoulées...*

*Comme un navire
au milieu de la mer
transportant le soleil :*

*nul ne sait
vers où.*

Lar dẽ
piw zo mâro
di-bwà mõn ué cuit.
Pad wãn cuit,
lar dẽ
piw zo créwet.

Ô dẽen bét,
dẽen bé hat,
toud mõm chommet
ba véret...

Lar dẽ
piw zo ué cuit
di-bwa mõn maro...

Ô dẽen bét...
dẽen bét...
toud mõm chommet...

*Dis-moi qui est mort
depuis que je suis parti...
Pendant que j'étais parti,
dis-moi : qui est mort...*

*Mais personne...
personne...
Tous nous sommes restés
au cimetière.*

*Dis-moi qui est parti
depuis que je suis mort...*

*Oh personne,
personne.
Tous nous sommes restés.*

Brõm moćh deu coûs,
& bĕn ma deu nôs,
plije ra doćh mõn
bétég C'huick.

Calz ré zü vè taw dré as
& ndross ra doćh
gis véfèćh di-gwéet
ba nAmé-Ric
(deh kĕmt-èl rwẽwed...)

Calz a düd yõeg è.
Taw vè nãen
prég d i
délé-fonn portâp.
Ndüd né ndrwét,
chiw ndéy,
de vü ba e mbéd-èl
& ba nõm béd-men
ba mẽmez ãmzer...

Calz ré yõec, ya.
E mplaćh ba no sous
prég ba i
sélé-fonn portâp.
Kĕmt-èl dròch
& kĕmt-èl glãen...

*Voilà que tu es devenu vieux
et qu'est tombée leur nuit.
Des soirs, tu aimes à flâner ;
tu vas jusqu'au Quick.*

*Toujours beaucoup de noirs par là...
Las d'avoir longtemps ramé,
tu rêves que tu es arrivé en Am-
érique...*

*Beaucoup de noirs, de jeunes,
et toujours un qui parle dans son
téléphone
portable...*

*Les gens ont ce pouvoir,
de nos jours,
d'être dans un autre monde
et dans notre présent en même temps.*

*Beaucoup de jeunes...
Une fille parmi
qui parle elle aussi
à son portable...*

*Assez bêtasse
mais juste assez
pour être
pure.*

Calz ré yõec, ya
...
...
...

Moćh kyé na vèćh kyé jãmes
gis den-béd te hwâd kin, mé...

e uéch waćh bét...
e uéch moćh bé yõec...
- jõch peus ? -
- e ntãmig jõch peus taw ! -

Ya...
e uéch pe ziw...
e ndéws pe zòw...

Claj jõj moćh :
ba plèćh,
pĕn-vâr,
ga piw ?

Beaucoup de jeunes
oui
. . .
. . .

Tu n'es plus,
ne seras jamais plus,
comme personne de ton âge,
crois-tu mais

une fois tu le fus.
Oui, une fois tu l'as été, jeune, toi aussi, non ?
– tu t'en souviens ? –
– tu t'en souviens un peu tout de même ! –

Oui...
un jour ou deux...
une fois
ou deux...

Tu essaies de retrouver :
où,
quand,
avec qui ?

Me sâd & me hmãm na guèrze hãnẽ,
rogg wãn bé gãnet,
de nggouvèrnãmãn.

(Po-pòwr...
lâr kyé tròw moss taw !...)

& mẽ de nim lac neus
de zraye dè no fôt
& de zraye nõ münet
- & nœ̃yn kyé mé hés ! -

Tü-pòwr...

Mé moss ma ntròw.
& brõm
meus cheu lèćh èl bé mi ui mõn
& nœ̃yn kyé créder èl mi nè
ui daćh de grédi.

Pé-gẽn tris !

Pé-gẽn zôd, lõnet,
ya !
ga no sãmo tüt...

Le fils du gouvernement

Mon père et ma mère m'avaient vendu
avant ma naissance
au gouvernement.

(Ne dis pas des choses comme ça quand même !...)
(Pauvre gars...)

Mais moi alors de me mettre
à leur détruire leur fils,
mais à le détruire en mille morceaux,
or ils n'avaient que çui-là.

(Pauvres gens...)

Mais c'est ainsi.
Et voilà que maintenant je n'ai plus
autre part où aller
et qu'eux-mêmes n'ont pas d'autre espoir
que moi.
Bien triste histoire.

Sont pas sortis de l'auberge
les animaux
avec leurs gens.

E ćhã-tin

Bẽn wãn bien,
ba scoûl vien,
ba ćhã-tin,
meus jõj wãn lake me heũn,
deh e ndôl dẽ me heũn.

Car louzou ma de gémer !

Barèsse kyé rézen goll vrâs
mé mossen wa taw.
Wãn mẽ tibi me fréet
e ntămic péléet mossen deh vüguâl èl.
Mossen wa.

& pâd spèn trègen vla
meus cheu mẽ bé jõje kĕmt-èl
deh mpréjo-sen...

Ya : chommed õn bé pâd spèn trègen vla
hép caw ni-tra droll
bü lésset mossen me heũn...

(Marsen
meus ẽvãte ndross
tout.)

La cantine

Quand j'étais petit,
à la petite école, à la cantine,
je me souviens qu'on me laissait tout seul,
à une table à moi seul.

J'avais des médicaments à prendre.

Ça ne paraît pas une raison suffisante.
C'était pourtant comme ça.
Je mangeais mon repas
à distance des autres enfants.
C'était comme ça.

Or pendant plus de trente ans
je n'y ai guère pensé
à ces repas...
Oui : resté je suis plus de trente ans
sans trouver rien d'anormal
à être laissé ainsi tout seul.

(Peut-être que
j'ai inventé
ce truc
entièrement.)

```
Mossen wa bé nãmzer,
e nãmzer vraw, laro lôd,
neubed èćh,
calez armoni-trat.
```

Ainsi fut ce temps,
un beau temps, diront les uns,
peu de neige,
beaucoup d'armonitrate.

```
Zèl deh nhèwl treuji nggué :
hés neus ćhwãn de douchi hãnoćh,
hés neus ćhwãn de vouche hãnoćh...

- N é kyét.

Hés neus ćhwãn de vouche ndouœr.
Chommit kyé ar i hẽn,
dãm nẽ ba nti.
Mõm kyé ni-tra ui-tõ.
Hés neus ćhwãn de vouche ndouœr.
```

Regarde le soleil qui traverse les arbres,
regarde comme il cherche à te toucher
comme s'il voulait te donner un baiser...

– Mais non.

Il cherche à embrasser la terre.
Ne restons pas sur son chemin,
rentrons à l'intérieur.
Nous ne sommes rien pour lui.
Il cherche à embrasser la terre.

RESPONT D'HO TRUID
CHIBAODIG BIHAN
& DISKONT DIN
AM PEWAR DIMANCION

BUD ZO UN HENT EON
EWID MOND GED AN AVEL
& UN HENT ALL
EWID MOND GED UN AVEL ALL

BUD ZO UN HENT D'AN ENE
EWID MOND D'AN NEÑV
& D'AN EVN
WID MOND DA AEL

& BUD ZO UN HENT
NA VEZ KED GWELED TAMM
KENT NA DREMEN
AMSER

*Réponds à ton druide
bel enfant du Non-Vide
et récite-lui les véritables
Quatre Dimensions*

*Il y a un chemin droit
pour aller avec le vent
et un chemin autre
pour aller avec l'autre vent*

*Il y a un chemin pour l'âme
qu'elle aille au ciel
et un aussi pour l'oiseau
qu'il aille en ange*

*Et il y a un chemin
qu'on ne voit
qu'une fois qu'il a coulé
le temps*

Ne meus gréd mé galoupel,
tré-grèyz-ga mbéed, a-dreûch & a-héet.
Ne meus gréd mé galoupel
kẽn founes & wa èel.

Ne meus gréd mé galoupel
hép kémér ãmzer de gojel de zẽen
na de chomm de zèl
na de lapeç na de nèys.

Colle meus me ãmzer. (4x)

Ne meus gréd mé mõn biw,
mé mõn & mõn taw,
hép kémer ãmzer de ziscõso
na de dawern na de jarden crèys-kér.

Ne meus gréd mé galoupel
hép gale chomm ba nimb-lèćh
méd e uéch, pèm déws
ćhottez e mplaćh cwãn.

Cwãntiri bâd kyé péel,
carãté ndross bâd kyé péel,
cwãntiri bâd kyé péel,
pèm
déws.

*Je n'ai fait que courir,
rien fait d'autre que courir,
n'ai rien fait que courir
aussi vite que courait le vent.*

*Je n'ai fait que passer
sans jamais parler avec personne
ni prendre le temps de m'arrêter
ni aux oiseaux ni aux nids.*

J'ai perdu mon temps. (4x)

*Je n'ai fait que passer
sans prendre le temps de m'arrêter
dans aucun bar, à aucun square,
nulle part au bord de ma route.*

*Je n'ai fait que courir,
n'ai jamais su rester en place,
sauf une fois, cinq jours
à attendre une jolie fille.*

*L'amitié ne dure pas,
la beauté ne dure pas,
l'amour ne dure pas
plus de
cinq
jours.*

« ETG »
Dẽen-bé uio
deh piw mõn cojel

&

lârin kyé ni-tra jãmes
de zẽen

&

de lèner de rhobb i jõjo
i-heũn

mé

mâd ra dẽ
bü bé couske kẽn toss doćh
pâd kẽn péel

Pép hẽy zo i heũn
éh hõn ga i hẽn

Épilogue

*Il y a à peu près trois ans que je ne suis monté
dans une bagnole et plusieurs mois
que je n'ai quitté l'arrondissement.*

*Presque tous les jours,
je vais faire un tour
près de la Ptite Ceinture.*

*Comment vont les mauvaises herbes ?
Les mauvaises herbes vont ma foi bien.*

*Je pense à quelques belles filles que je connais
(Enfin...
au mirage qu'elles dessinent sur l'air...
comme un parfum...)*

*Les quelques belles filles que je connais,
dans leur vie,
il y a toujours un truc qui cloche*

mais ça.

Dichinit, lapouçic,
ar askorn me bîs,
de zizorno te crabino.

> Descend, petit oiseau,
> sur l'osselet de mon doigt,
> dégeler tes petites serres.

Chi zo di-gwé coûs ;
mèrgle-toud i chaden ;
mintin zo scléer.

> Le chien se fait vieux ;
> sa chaîne complètement rouillée ;
> le matin est clair.

Nhõ wa ;
me sâ-coûs na prènet
e mobylette.

> C'était un été ;
> le grand-père s'était acheté
> une mobylette.

Chaçouryen n-hẽy neus collet
ndraic plastic rü -sen
ba-touç yòet.

Chasseurs z-abandonnèrent
ce cylindre de plastique rouge
là parmi l'herbe.

Büguâl wa tou-chãn
ba bord stéer ;
boukidi chomm.

Enfants tantôt
jouant au bord de la rivière ;
des fleurs en restent.

Bwésted lier,
mõ ar nhẽn
dõn n-dro.

Postée la lettre,
me voici sur le chemin
du retour.

Ar vord lin-houœrn
dizafèctet,
e lapouç divĕmer waćh.

*Au bord du chemin de fer
désaffecté,
un oiseau sans guère de mémoire.*

Diblaçed é bét
mürig mègn n-dro deh mpües coûs ;
hãngcwée ndoûr dõ brõm.

*Déplacée dans un jardin
la margelle du vieux puits ;
oubliée lui est l'eau à présent.*

Gotéid e ntãmic ;
vign kyé péel ;
e ndẽen hãnéed ga-nẽ.

*Attends un peu ;
je ne serai pas long ;
quelqu'un que je connais.*

E vager zoug
e ndolen a ni-tra ;
e mbwĕchen jõch.

*Un mur porte
un tableau de rien ;
un clou pense.*

Tü-mnèg zo gué
vè kèet kiui ba-nè...
mẽ jõech taw...

*Quelque part des arbres
d'où se cueillent des kiwis...
du moins je pense...*

Pô lîri
zo chomme déc müned de gõto côch
ga Mar-Jãn nTi-Èl.

*Le facteur est resté
parler dix minutes
avec la Marie-Jeanne d'En Face.*

Pe varf e ndẽen,
e uéch ba ndouœr,
ta jõch tõ...

Ta jõch tõ,
nar glèw e lapouç cãno,
deh e ndéws bẽn wa yõ pèmzeg vla,
ptrãm deh ndéws ma wa bé gãnet,
ptrãm tri déy rocc,

na cléed yõ,
nar vale dré mparkéyer,
e lapouç cãno moçen è.

Pép tra èl deh i vü tout
no hãngcwéet
séped déws na bé cãned i lapouç.

Déws na bé cãned i lapouç...

– Mar né yõ chãeç de gòwd
e uèn hüs d i doul-véret,
giz-jüs...

Hẽd-èl yõ gléwo
e vürügen ćhobber i hẽn, marsen...
(E ndẽen maro,
 divéred i vü dõ,
 vèrn kyé dõ kẽmt-èl...)

Quand un homme est mort,
une fois dans la terre,
il lui revient...

Il lui revient,
en entendant
un oiseau chanter,
d'un jour de ses quinze ans,
ou du jour de sa naissance,
ou l'avant-veille de sa mort, qu'importe,

qu'il avait entendu,
dans une promenade champêtre,
un oiseau chantant de même manière.

Toute sa vie, alors,
il l'aura oubliée
sauf ce jour où cet oiseau chanta.

Ce jour où son oiseau aurait chanté...

– Si du moins la chance d'avoir il a
un arbre au-dessus de sa tombe, ça va de soi...

Sinon il entend
un ver de terre creusant ses galeries,
sans doute... (Mais à un homme mort,
dépouillé de la vie,
ça lui sera bien égal
au final...)

Mbü ar ndouœr gléep
zo éshaćh
ui néfe crédet
ré neus croued Dou.

Pép hẽy i dãmic dobber ;
pép hẽy i dãmic diwer ;
kémér i dãm plüjader ;
gobb i raçien drouc.

*Vivre
sur cette terre détrempée jusqu'aux pierres
serait plus simple que n'auraient cru
ceux qui nos dieux créèrent.*

*Chacun ses ptits besoins ;
chacun son petit manque ;
prendre chacun ses ptits plaisirs ;
faire ses petites crasses.*

Hat-kèet ga-nẽ me ćhwâr e uécha müyećh...
Mẽmsòr blèw,
mẽmsòr liw
ba i dòwlaged,
mẽmsòr éer
ziryes
– ré ziryes ćhwâric pòwr... –,
mẽmsòr trü deh i fockes breûr.
E ndra vâd, mẽmes tra, ga houm :
n é kyé ćhwâr viryõen dẽ nèy.

Mẽ & me ćhwâr :
kẽn colled nãen & nhẽy èl,
kẽn colled « i kil » & « i vẽn »,
pép hẽy gaf tõ neus hat-kèet
nhẽn mât, züer waćh !,
– mé vè kyé jãmes mẽmez hẽy...

Ptrà jõjet hui,
otro lèner,
hui & wâr kẽmt-èl tròw ?

*J'ai cru rencontrer ma sœur encor un coup...
Mêmes cheveux,
même couleur d'yeux,
et surtout même air sérieux
– beaucoup trop sérieux, pauvre sœur ! –,
et même regard désolé vers le pauvre frangin
(mais point ne me sera trop grave cette fois :
sœur biologique celle-ci ne m'étant pas.)*

*Moi et ma sœur,
aussi perdus l'un que l'autre,
et perdus de même façon,
et croyant aussi ferme l'une que l'autre
avoir trouvé la bonne route, sûr !,
(or ça ne fut jamais la même du tout.)*

*Qu'en dis-tu, ami lecteur,
toi qui sais tant de choses ?*

```
E mbarades,
ne meus cheu
na hãno na hẽn dèy kin.
```

Un paradis...
Je n'ai plus
nom ni chemin vers lui.

```
Pép hẽy zo ar i hẽn mât
pégyer
pép hẽn gaç de mẽmez môr.
```

On est tous sur le bon chemin
puisque
tous les chemins mènent à la même mer.

```
Ga nãmzer
uèlõ kyé kẽm-sen bü in dü mi :
mẽ uèl lar ma dü.
```

Avec le temps
j'ai arrêté de voir la vie en noir :
je vois enfin qu'elle est noire.

Deh rèer nordinatœer,
dòw goulòwic clignottigal,
sorto sco-tãen zo flinki.

E ndra, tü mnèc, züer, zo béw.

À l'arrière de l'ordi,
deux petites loupiotes qui clignotent,
(genres de braises électroniques).

Quelque part,
assurément,
quelque chose
vit.

« Chantier interdit au public » :
e mèl toul dõen tré dòw vé
ga pèwr ćhlœt gwè ga cwa fal
(ui ré nèfe ćhwãn de gwéo e ntãmic...)
« Chantier interdit au public » :
mẽ garjè bü cãtõnyer dré ãm :
e vicher lèćh zo mwayen de farsal !

« Chantier interdit au public » :
un trou profond entre deux tombes
protégé par quatre barrières de mauvais bois
(qu'à personne ne vienne l'envie de glisser...)
« Chantier interdit au public » :
ici être cantonnier !

Après le déluge

Mâd ra dẽ e uéch nãmzer
mõn de brèno tròw.
Lèryo...
(Vin kyé lènet tout nè,
mẽmes-tra, mõn de zispigne i dãm aryen
ra plüjader de ndẽen :
bü pèryen e ntãmic
deh e ntãm deh mbéet ;
mpéz glascõm tout, n è kyé guîr ?
dishiyo mbéet ba nèel deh nãmzer...
sétü yãn de zispigne me aryen gõnéet
h spèw bœgo ba ti bãkéryen pîs.)

Mé mpés blij dẽ müyõ
è cléw mpozyo :
« Monsieur »
& « Merci »
- car mẽ me heũn laren kyé nè jãmes !

Mẽ grét taw...
mẽ gréd waćh
meus cheu lared jãmes
na « Merci » na « Monsieur » de zẽen ...
Mõn kyé e mpo fal na dizẽwn cous-cout,
gwé e ntãmig mat,
& n it kyé de gounari me hmãm :
dèsked wa bé mpozio dẽ
mé ãncwéet mãn bét.

*J'aime parfois
sortir pour acheter des choses...
des livres, beaucoup...
(Point ne seront tous lus
mais dépenser son pauvre argent
plait tant à l'homme...
Se rendre un peu propriétaire
de quelque parcelle d'univers,
on en est tous là,
et c'est ma façon de jeter mon argent gagné
comme châtreur de bogues pour des escrocs de banques...)*

*Or ce que j'aime surtout en visitant les commerces
c'est m'entendre dire « Monsieur »
et « Merci »
– car ces mots moi jamais je ne les dis !
il me semble...
Il me semble, oui, que jamais je n'ai dit
ni « Merci » ni « Monsieur » à personne de ma vie...
Je ne suis pas un rustre, oh non,
juste un type un peu sauvage.
Et n'allez rien reprocher à ma mère, surtout !
On m'a bien appris les mots.
Je les ai mal retenus c'est tout.*

Mẽ jõej uécho
- guîr ? -
ba mbéed lèćh wãn bé zèet,
véje kyé clée côj jãmes
na deh Dou na deh Otro guéch-bé...
E sort parades :
noblãeç & reulijien : scarze cuit...
sübvãçieno : wãn kyé gotéyet ćhwas...
Tou ndüd nim gave ingel
- notarchie rogg notistarchie -
& ma véfe deut e m président de la république
de gémer jü ga-nõm
(... ga-nè ...),
marsen véfè kyé zèed rèer bét deh cader bét
ui gobb pwẽgn-mẽ dõ...
(Rãn vãen de jõjel, taw...)
& wãn kyét - ndüt-sen -
na fal na dizẽwn,
na gwé syẽn :
dœd wãn bèn de brég galac !
ya !
& sét-ü tout.

*Je pense parfois
– esque j'invente ? –
que dans le monde où j'ai grandi
jamais parler je n'entendis
ni de Dou ni d'autrou.
Un genre de paradis :
noblesse et clergé virés,
subventions pas encor désirées...
On croyait à l'égalité
– l'autarcie avant l'autistarcie –.
Et qu'un président de la République
fût venu prendre le « jus » chez nous
(... chez eux ...),
aucun cul, je crois,
d'aucune chaise levé ne se fût
pour lui faire « poigne-main »
(... je crois ça...)
Et ces gens-là non plus
n'étaient pas mauvais ou malpolis
(pas même sauvages, eux)
mais ils parlaient enfin français !
Voilà.
Voilà tout.*

Bẽn mõ clõ
– m migraine –
– hãno plaćh yõec ndizèspér –,
mẽ ya ba me guéel,
diyat & tout.

& ma zo alféyer trãm porteu-mõni
ba chaked me brago
guèlhaćh ze – nãn
gouskin kyé gwashaćh.

& ma ta e vãm fal
de rhobb tõen dẽ,
mẽ gaç nèy doćh cuit
ga e ntôl paw fõgn.

Ãm mõn,
ui èyzeur marsen, toss de zòwzeg uécho,
gwasked me spéret
ba èskèrn me fèn.

Pa vin mâro,
po jõech.

Quand j'ai la migraine, je me mets au lit tout habillé,
et si j'ai mes porte-monnaie et clés dans la poche,
c'est encor mieux.

Par contre, qu'une mauvaise mère me vienne déranger
et je te l'envoie péter
d'un coup de pompe.

Ici j'y suis,
pour une douzaine d'heures,
l'esprit comprimé
dans sa boîte crânienne.

Quand je serai mort,
souvenir aurez.

Ba béred Montmartre ba Paris,
ba diãn mpõn lećh ya rü Caulaincourt,
zo e sort lœryœr
lećh vè ãtrepozet
bép sort benviji
& poubèlo, tõberèlo
(ré gẽtõ in plastic,
ré èl in houœrn)
leŭnyed dréyst-ol ga douœr
& tãmo flœryo
ptrãm déyo zećh & gléep
& gis-jüs loustõeni,
bwésto soda...
E uéch ma guéled mẽ e naskorn...

Segnor Hamlet,
hui wa as è ?
Mât...
Eû...
Pél zo meus cheu lènet te « ćhwa-ri-va-ri »...
(E scrivãtour goll-zéryes nõn kyét.)

Ma h õn de rhobb glaw.

Au Cimetière Montmartre,
sous le Pont Caulaincourt,
il y a un genre de remise
où s'entreposent
toutes sortes d'outils
et des poubelles, des tombereaux,
remplis de terre surtout,
parfois de fleurs,
ou de feuilles sèches ou trempées,
et bien sûr les diverses ordures,
boîtes de soda...
Une fois j'y ai vu un os...

Seigneur Hamlet,
tu étais là aussi ?
Bien...
Bien bien...
Je ne me souviens plus trop de ta pièce à vrai dire...
(L'ai-je au moins jamais lue ?)
(Comme écrivain je ne suis guère présentable.)

Il va pleuvoir.

Ba dü-s zo e mbé ga flœryo forç-pé-gẽm...
Dãm de wèl...
« Anatole, Garde champêtre
de la commune libre de Montmartre
... et sa cantinière Mick ».
Pider médayen,
e foto deh ndòw zẽen,
yõ ga e ntogg a dòw gorn.
Mé hãno-famiy bét.

... Yaw :
nar stoui mat àr nggoss
vè guèleu mèrket :
« Jacques Delarue 1911 - 1998
Mick Moruzzi 1929 - »

Tãpîr...

Péel mõn bé clach
e ndẽen & nijè collet
pép tra ba i hẽn.

Là-bas, une tombe étouffée sous les fleurs...
Allons voir...
« Anatole,
Garde champêtre de la commune libre de Montmartre,
... et sa cantinière Mick ».
Quatre médailles,
une photo du couple
(lui avec le bicorne de son métier.)
Mais aucun autre nom...

Ah si, sur le côté :
« Jacques Delarue 1911 – 1998
Mick Moruzzi 1929 – »

Tant pis...

Longtemps j'ai cherché
quelqu'un qui eût laissé
tout derrière lui.

Néw lakeu ga-tè
ba Square des Abbesses,
« le Mur des Je T'Aime ».

Frazen-sen
(& zinifie tout & ni-tra)
scriwed ba kẽmen lãgaj zo tout.
Ētérèçen waćh :
« Te quiero » : castellano.
« Te estimo » : català
(tout & ni-tra...).
« M'hou kar » :
ndross zo brĕwneg Bro Guẽned me-chãs.
« Biz mœt, Biz yoût, Biz bien »
: yéez ré vüt
(zîn ui « Fuck you » vè e viz èl).
E ndra ćhwas ga epsilon-rho-omega...
& tou ntròw-sen ar e séra-mic
dies zûr de dagi.

Hãnõyo nobérouryen
zo ba ntrõ ba ćhorn déw
& hãno spõnsòer
– « Mécénat » –
ba ćhorn clèy.

– Car carãté ma daw dèy échüi
e ntü mnèc.

Le mur des Je T'Aime

*Une « œuvre d'art » que je découvre aujourd'hui
au Square des Abbesses :
le « Mur des Je T'Aime ».*

*Cette phrase signifiant tout
et son contraire
y est « traduite »
« en toutes les langues ».*

*C'est parfois intéressant :
« Te quiero » (« je te veux ») : castillan.
« Te estimo » : catalan.
...*

*« M'hou kar » : c'est du breton vannetais je pense.
On reconnaît aussi le langage des sourds
et quelque chose avec epsilon-rho-omega...*

*Et tout ça sur de la faïence
intagable...*

*Les noms des artistes se lisent en bas à droite
et à gauche celui du sponsor
– « mécénat » –,
tout amour de l'art
ayant une fin.*

Tròw coûz-mat &
tromatizmo
trîmi &
tramatîzo.

Des traou coz,
traumatismes,
traumant, dreamant,
dramatisant.

Dihuẽõ poss-mègn a chommè i-zaw ćhwas
deh poulpriej difwèltred me yõnkis
zo bé lèret pâd nôs
ga e foboućhis mnèc me-chãs
ui rèy d i gorigãned-jarden me-chãs
& divadéet
« menhir ».

Le dernier pilier subsistant
de la ruine fétiche de mon enfance
(pilier de grange en granit massif)
a été volé dans la nuit...
Quelque faubourgeois sans doute
qui tantôt le mettra à distraire
(après l'avoir élevé à la qualité de « menhir »)
ses korrigans de jardin...

Richard Wright (vè lènet)
na scriwet spèn déc cãn ay-cou
pad wa yõ ba n Hôpital Américain ba Neuilly
& mẽ
dòwzeg meus caćheu ndéwz èl.

Bé zo tüt, hat,
waren kyé nè
zèri no bégo.

(Guir è mõm kyé mi ba ãmzer Basho
 ba ãmzer Sony kĕtaćh...)

Richard Wright, paraît-il,
écrivit plus de mille haïkus
lors d'un séjour à l'Hôpital Américain de Neuilly
et moi douze l'autre jour.

Il est des gens volubiles
– peut-être plus à l'ère Sony
qu'à l'ère Basho.

Deh « château d'eau » meus jõch
& deh mpost trãsformatœer
& de vü léshãnet « le phare de Parc Mar »
                                        ba scoûl.

Je me souviens du « château d'eau » du bourg ;
M'intriguait aussi le « poste transformateur »
et qu'à l'école on m'appelât « le phare de Parc Mar ».

```
Ga-noćh mẽ garè
cõdüi notô
ba diãn ngglaw foll.
```

    Avec toi j'aimais
    la nuit dans l'auto
    sous la pluie battante.

```
Ndẽen i-heũn ba i bèn
zo bé guéled déćh nôs
près de võn ga nèel.
```

    L'homme seul dans sa tête
    a été aperçu hier au soir
    pas loin d'aller avec le vent.

```
Fotoyo mbolitikèryen,
ar magéryo scoûl vien,
ga no mèmsort lünèto.
```

    Photos des politiques,
    sur les murs de l'école communale,
    leur même genre de lunettes.

Chètõ guéch mwa cléet
wa, ar nhẽn tré Angers & Cholet,
Élisabeth ba i deux-chevaux
cãno :
« Je m'suis fait tout p'tit devant un' poupée
qui fait maman quand on la touche... »
Ni-tra mwa cléet rocc ndéws-sen.
Bouœr wãn bé pad uigin bla.
Uigin bla wãn bé ba-tous stròech
hép cléw lapouç bét.
Brõm, a zéws de zéws,
mẽ glèv guèl & guèlaćh
i hmwés ba me scwarn.

La première fois que j'ai entendu
c'était sur la route d'Angers à Cholet
Élisabeth dans sa deux-chevaux
chantant :
« Je m'suis fait tout p'tit devant un' poupée
qui fait maman quand on la touche ».
Je n'avais jamais rien entendu avant ce jour.
Pendant plus de vingt ans j'avais été comme sourd.
Plus de vingt ans dans des broussailles
sans y entendre un seul oiseau.
Depuis de jour en jour
j'entends de mieux en mieux
sa voix dans mon oreille.

Yõ wa bé gãnet tal-kichen Lahore
& béd i acsiden de huèć bla.
Milchen na lareu nijè cousteu ré géer
paré i ziwcher dõ :
guèlhać wa tròho nè nèt
ui-tõ bü guélhać clasker-bâr...

E nôzas nœr rèy
i èst-alüjen d i batrõe,
wa bé lared dõ :
« Bẽn-ćhwas hui yèy de Bâris. »

Uiõ kyé mod wa bé cõn
ga i vwayaj ba navyõe,
mẽmes-tra tri déy ar-lèć
wa yõ hîjel i scuèl
ba-tal Les Galeries Lafayette.

– & brõm
ptra po ćhwãn de gléw,
lènérez gèer
(péger moć hlèn me lèwr
 ba tè-ras Café mBarades
 nœr hèwli te tivrõn
 & èeli te tiwcher ?) :
– Lar wa opéraçien "Spirit of India"
                       cać i réclamo ?
– Lar wãn deud ass de brèno dẽ brago né ?

Spirit of India

Il naquit près de Lahore
et eut cet accident à cinq ans.
Le médecin jugea trop chère
l'opération qui lui eût rendu l'usage des jambes.
Il valait mieux, certes, couper.
Il valait mieux – pour la mendicité.

Un soir qu'il déposait sa recette du jour
au caissier,
il lui fut annoncé :
« Demain tu vas à Paris. »

On ignore les détails du voyage
(en avion ?!?)
mais trois jours plus tard
il agitait son écuelle sur le trottoir
de nos Galeries Lafayette...

Et maintenant
que vais-je trouver pour t'amuser,
superbe lectrice qui t'aères les jambes
et te bronzes les mammes
en lisant de la poésie à la terrasse
du Café de Paradis :
Que la semaine « Spirit of India » battait son plein ?
Que j'étais venu là m'acheter des pantalons.

Foire aux Puces Saint-Ouen n-dro,
prèno e lèwr ćhwas :
« bîp »
(n it kyé de grédi
 ẽformatizet vè vaćhadouryen-lòw chiw ndéy).
« Pèmzeg lür », lar micãnic.

... Mpéz zo :
deh e ntü zo e néti-kèt ga dégler
& deh ntü èl nãen èl ga pèm...
... gas !
Galved mès nti.
E zèl deh-tẽ :
me éer glèp,
me éer de rhobb gwâp deh tou ndüt,
cent pour cent mézes,
cent pour cent fougéel.
E zèl, neus, deh lèwr :
« spansk-norsk, noruego-español,
ordbok ... »
Dosta hẽm uifè lañgaj zalmõnyo
trãm hẽy ćholéo-taro-çirc ?

Alé...
Tap nõ ui ni-tra...
E lèwr glèp ćhottos i bèryen glèp...

Guir è : pèmler n é kyé bèrn dra,
na pèmzec,
ui priz e ntãm po-èm.

*Foire aux Puces de Saint-Ouen encor une fois,
en train d'acheter un livre comme d'habitude...
« Beep ! »
(les chiffonniers de nos jours
sont informatisés...)
« Quinze francs », dit la machine.*

*Mais, problème :
d'un côté une étiquette dit dix francs
quand de l'autre une autre en indique cinq.
Gast !
On appelle le chef... Il arrive...
Un regard sur le client :
son air bête,
son air de se foutre de la gueule de tout,
100% de honte,
100% d'orgueil.
Un regard alors sur le bouquin :
« spansk-norsk, noruego-español,
ordbok... »
Ce gus entendrait-il la langue des saumons
et celle des taureaux de cirque en même temps ?*

*Allez, prends-le pour rien !
Livre improbable attendant proprio introuvable...*

*Certes, cinq francs ça n'était pas grand-chose,
ni même quinze,
si on a en prime
un genre de poème.*

Tré ndouœr & mẽ,
ba ćhãm lèćh wãm,
lèćh wãm bẽn wa bé crouet mBéd ui-dẽ,
lèćh wãm,
mẽ, me diw ćhwâr & nõm dòw ré goûs...

Tré ndouœr & mẽ
wa kyé bèrn dra,
mẽmes-tra wa
e ngguisked bala-tomm...

E ntapis ba e sort plastic,
e ngguisked bala-tomm
tré ndouœr & mẽ,
neup-tra...

Cous-coud de-zi-bwà mõn kyé deu bèn
de dèno nõ cuit,
de ziuisco deh me ćhorf
me diyed bala-tomm.

*Entre la terre et moi, dans la chambre où nous dormions,
dans la chambre où avait été créé le monde pour moi,
et où nous dormions,
mes deux sœurs, nos deux vieux et ma pomme...*

*Entre la terre battue et moi
pas grand-chose mais
tout de même
une couche de balatum...*

*Une espèce de tapis en plastoque,
entre la terre et moi,
pas grand-chose,
une couche de balatum...*

*Pas grand-chose. Cependant
je n'ai jamais réussi à m'éplucher,
à dépouiller mon corps de sa
cape de balatum.*

Ptra zo né ba vro ?
Pãcarto :
ba dien « Bannalec »
vè lène « Banaleg » brõm !
E mèl chãchãmen ui tü Bãlec !
« süb-tüt » Bãlec !
Ré Spèyet mèmes-tra
zo bé laket « Speyed » dè
giz vè pronõçet bar vro.
Ré Bãlec, réd è lar, zo sübtütaćh,
prèstaćh tüt de süporti tout.

& ptra zo de lèn ba dü-s ćhwas ?
« Kreizenn sokial »...
Vãm-goûs dœd de rhobb i ćhommiçieno
jõjo marsen
lar ndross zo as pãcarto ui ntouristo,
ya, e mpãcart ba lãgaj ntouristo
& kĕn guir vo !
E lãgaj ui touristo,
ui lac ntouristo de grédi
lar ma zĕtes süb-tüt
dré ãm,
lar mayn zĕtes de no ētélèctüèlo.

& vo kyé kèed dĕn
ui tagi pãcarto sors :
süb-tüd war
chomm ziwl...

Dihuĕõ guéch wa bé lakeu pãcarto moss
hép goul ni-tra ga dĕen
wa ar scoûl vien Sã-Türyen pad mbrèzel :
« Kommandantur ».

Quoi de neuf au pays ?
Des pancartes.
Sous « Bannalec »
il y a maintenant « Banaleg »...
Peu de changement pour les gens de ['bālək]
(sous-gens de ['bālək])...
(Alors qu'à ceux de Spezet on leur a mis « Speyed »
comme ça se prononce là-bas :
Les gens de Bannalec faut croire sont plus sous-gens...)

Et d'autres inscriptions :
« kreizenn sokial »...
La grand-mère venue faire ses courses
pensera sans doute
que ce sont là pancartes pour touristes
dans un langage à eux...
Et elle aura raison !...
Un langage pour les touristes,
pour leur faire croire
que les sous-gens d'ici
sont obéissants
à leurs élites.

(Et, vrai, on ne trouve personne
pour les taguer ces pancartes-là :
sous-gens savent
rester taiseux.)

Quant à la dernière fois où de telles pancartes
furent imposées par ici
ce fut pendant la guerre
sur l'école communale de Saint-Thurien :
« Kommandantur ».

Mõn kyé malèures.
Dost-à uélõ bü in dü,
e ndẽn œures õn,
e nimbi-çil œures gis lârè me sât,
& gis me sât,
guîr mâb i dât...

Mẽ wèl bü in dü.
Me bü in dü
& te pü doć́h
dühać́h.

*Je ne suis pas malheureux.
J'ai beau voir la vie en noir,
je suis un homme heureux,
un imbécile heureux,
selon le mot de mon père.
Un imbécile, oui,
comme mon père...
Le digne fils de mon père...*

*Je vois la vie en noir.
Ma vie en noir
mais ta vie à toi
en encor plus noir.*

« Imbi-çil œures »...
Kèrõ pôz me sât...
Pockes dẽen !...
Kẽn alies na cléet nggünüjen-sen
wa dœd de lake nèy
ar béb rèer èl & baçéè biw...
Nimbi-çiled œures
vè mossen ga-tè.

Imbi-çil œures.
Pél õn béd rogg dõn nãen me heũn
(de lared è :
rogg dõn de vü œures me heũn).

« Imbécile heureux »...
C'était son mot à mon père...
Pauvre homme !...
Il l'aurait entendu sans le comprendre si souvent
(toujours appliqué à lui-même)
qu'il se serait pris à l'accoler
à quiconque passant à vue...
Ainsi des imbéciles z-heureux.

Imbécile heureux.
Comme j'en aurai mis de temps moi-même
à le devenir
(= à devenir heureux).

Di-gwé ga Hend mintime :
sãmes wăm
ćhottes nRER...

Près nèy de vouche dẽ...
A pas hat !
Vouchõ kyé mérhyed laber, mẽ !
Ndross zo mô née ga-tè
& mẽ zo mẽ e ndẽen cazi coûs di-ja...

Prége neuzõm deh laber
(Mpéz wa me laber dòw vla so...
Mẽ gõto dośh...
e uéch èl ma-tross...
Véfè tròw...)

Hend,
hous zo tõn deh nTunisie.
Scriwed vè i hãno « Hend » ga e n« e »
mé pronõçe vè [hind], ẽe ?
Tou ndüd wâr ndross !
Chẽtõ tra dèy taw
de gõto de bép hẽy
... & n é kyé réd dèy lar nõ diw wéch car
Hend zo e mplaśh kẽn braw !

Mẽ ma me hãno « Fés-Déy »
mé tou ndü lar « Fèste-Dèyz ».

Tombé sur Hend ce matin :
on attendait le même train.

Je la voyais partie pour me faire la bise...
Ah non ! Je ne fais pas la bise aux filles du boulot !
C'est une nouvelle mode,
et je suis d'un vieux monde.

Nous avons parlé du travail
(mon travail d'il y a deux ans...
Je vous dirai
une autre fois
peut-être...
(il y en aurait...))

Hend vient de Tunisie.
Son nom s'écrit « Hend » avec un « e »
mais on prononce /hind/
(ou /ind/ à la française...)
Tout le monde sait ça !
C'est la première chose qu'elle raconte à chacun je crois...
Or pas la peine de le dire deux fois :
Hend est une si belle fille !

Moi mon prénom c'est Christian
que les gens prononcent « Popol ».

```
Lapouçed, ẽenet & pouçinet :
ba me jarden
kẽmen zo...
Lapouçed, ẽenet & pouçinet :
pép hẽy i liw,
pép hẽy i gãen,
pép hẽy i chaçouryen.
```

Tizwazo, oiselets, oisillons :
dans mon jardin
chacun sa tite chanson...
Tizwazo, oiselets, oisillons :
chacun son plumage,
son brin de voix,
ses prédateurs.

« SOME OTROS STERB » DICE ZU THE LLUVIA
MENHIR SANT JHAN IN MITTEL ITS MOOR
BY ITS SELF IN THE WINDE...

Composé en 1999-2001
(sauf *Train de nuit*, 1997) .
Revu et traduit à partir de 2014.

www.ingramcontent.com/pod-product-compliance
Lightning Source LLC
Chambersburg PA
CBHW071728040426
42446CB00011B/2259